BEI GRIN MACHT SICH IHR WISSEN BEZAHLT

- Wir veröffentlichen Ihre Hausarbeit, Bachelor- und Masterarbeit

- Ihr eigenes eBook und Buch - weltweit in allen wichtigen Shops

- Verdienen Sie an jedem Verkauf

Jetzt bei www.GRIN.com hochladen
und kostenlos publizieren

Gebhard Deißler

Die Natalogische Wende der Thanatoligischen Sozial-ethik

GRIN Verlag

Bibliografische Information der Deutschen Nationalbibliothek:

Die Deutsche Bibliothek verzeichnet diese Publikation in der Deutschen National-bibliografie; detaillierte bibliografische Daten sind im Internet über http://dnb.d-nb.de/ abrufbar.

Impressum:

Copyright © 2013 GRIN Verlag GmbH
Druck und Bindung: Books on Demand GmbH, Norderstedt Germany
ISBN: 978-3-656-56621-2

Dieses Buch bei GRIN:

http://www.grin.com/de/e-book/229550/die-natalogische-wende-der-thanatoligi-schen-sozialethik

GRIN - Your knowledge has value

Der GRIN Verlag publiziert seit 1998 wissenschaftliche Arbeiten von Studenten, Hochschullehrern und anderen Akademikern als eBook und gedrucktes Buch. Die Verlagswebsite www.grin.com ist die ideale Plattform zur Veröffentlichung von Hausarbeiten, Abschlussarbeiten, wissenschaftlichen Aufsätzen, Dissertationen und Fachbüchern.

Besuchen Sie uns im Internet:

http://www.grin.com/

http://www.facebook.com/grincom

http://www.twitter.com/grin_com

Transcultural Management

Gebhard Deißler D.E.A./UNIV. PARIS I

DIE NATALOGISCHE WENDE

DER

THANATOLIGISCHEN SOZIALETHIK

Interkulturelles- u. Transkulturelles Management (German)

Intercultural &Transcultural Management (English)

Gestion Interculturelle et Gestion Transculturelle (French)

Gerencia Intercultural y Gerencia Transcultural (Spanish)

Gerência Intercultural e Gerência Transcultural (Portuguese)

跨文化的智慧精髓 - kua wen hua de zhi hui jing sui (Chinese)

транскультурная компетенция - transkulturnaja
kompetencija (Russian)

toransukaruchā　・ manējimento (Japanese)
トランスカルチャー　・　マネジメント

Vishua Chaytana (Sanskrit)

Perspektiven einer Natalitätskultur:

Natalität, Immigration und

Wertschöpfung

„Wachset und mehret euch"

Die Bibel

Niemand möchte selbst in eine Gesellschaft hineingeboren werden, in der die Lebensaussichten bei scheinbarem Überfluss stets prekärer werden und wenige Menschen möchten dieses Schicksal ihren potentiellen Nachkommen zuteilwerden lassen und entwickeln daher in dieser Hinsicht eine zynische Einstellung. Und dieser Zynismus ist alles andere als nachwuchsförderlich.

Da gibt es aber ein unübersehbares Faktum, das viele Argumente für oder wider Kindersegen überflügelt und relativiert. Fest steht, dass Kinder, der menschlichen Natur gemäß, immer noch - und daran wird sich wohl kaum etwas ändern - von Frauen geboren werden. Das weibliche Prinzip steht also im Fokus der Aufmerksamkeit. Was bedeutet das auf Deutschland bezogen?

Laut wissenschaftlicher interkultureller Forschung sind die deutschen Frauen europaweit die maskulinsten, i.e. sie haben vergleichsweise maskulinere Werte und Verhaltensweisen als ihre anderen europäischen Geschlechtsgenossinnen. Die Maskulinität priorisiert die Werte der Selbstbehauptung und des Erfolgs im Leben. Die maskulinen Wertepräferenzen gehen mit einer Ich-Orientierung einher, die das Du, sowohl im zwischenmenschlichen, als auch insbesondere im Hinblick auf die Bejahung des Lebens und der Fähigkeit einem Du das Leben zu schenken tendenziell ausschließt. Die männliche Werteorientierung geht darüber hinaus mit einem sexuellen Konkurrenzgebaren einher, das auch potentielle Zeuger tendenziell abspenstig macht. Die maskuline Wertepräferenz mit ihrer idiozentrischen oder ichorientierten Verhaltenspräferenz trocknet den geistig-körperlichen sozialen Humus, in dem Leben gedeihen kann, schlicht aus und macht ihn unfruchtbar karg.

Der damit einhergehende wohlausgewogene Yin-Yang (die beiden geschlechtlichen Prinzipien des Lebens) Polaritätsverlust in der Frau zwingt den Mann, seine natürliche männlich-weibliche Polarität anzupassen, um der Maskulinisierung der Frau gerecht zu werden. Männliche und weibliche intrapersönliche und somit männliche-weibliche interpersonale Gleichgewichte und somit das gesamte gesellschaftliche Gleichgewicht und die soziale Balance werden somit verschoben. Diese Anomalie des geistig-physischen gesellschaftlichen Terrains erzeugt einen verödenden Boden der Lebensfeindlichkeit und Unfruchtbarkeit.

Woher rührt dieser Maskulinisierungstrend? Er ist, wie wir sehen werden, geistiger Natur, bildet eine gesellschaftliche Wertepräferenz und saldiert sich als maskuline Verhaltensweisen, die antagonistisch zur Frau als Mutter und Gebärerin des Lebens sind: Die drei-Ebenen, geistig-kulturell-biologische Verkettung, bei der die geistige Ebene die die kulturell-biologischen Ebenen determinierende ist, verdeutlicht die Kausalzusammenhänge.

Dafür kann man viele Indizien finden, nicht zuletzt beginnend mit der herausragenden Rolle der Frau als Trümmerfrau zur Bewerkstelligung des

Wiederraufbaus nach dem Krieg im Kontext der vaterlosen Gesellschaft, die viele Frauen zwang, maskulinere Werte und Verhaltensweisen zu entwickeln, um zu überleben, da sie das häufig im Krieg verlorengegangene männliche Element aus ihrem persönlichen potentiellen männlichen Element speisen mussten und somit eine kompetitive Vermännlichung ihrer Weiblichkeit einleiteten. Und dieser Trend wurde durch eine konkurrenzintensive freie, wenn auch soziale Marktwirtschaft, noch potenziert. Und mit der darauffolgenden gesamtgesellschaftlichen Prekarität durch sukzessive Wirtschafts- und Finanzkrisen wurde diese Maskulinisierung durch stets zunehmende Konkurrenzbedingungen weiter gefordert und gefördert, sodass wir, in diesem Land, beginnend mit einer in der Nachkriegsära beginnenden Kausalkette nun, laut statistisch-wissenschaftlicher Kulturforschung, in der Bundesrepublik nun, sozialanthropologisch betrachtet, die maskulinste Weiblichkeit haben. Und dies ist, biologisch wie psychologisch, der Geburtenfreudigkeit der Frau eben unzuträglich. Und das durch diese Werteprädisposition bedingte soziale Terrain ist somit kinder- und lebensfeindlich.

Die starke Geschlechterrollendifferenzierung einer insgesamt maskulinen Gesellschaft erzeugt einen gesamtgesellschaftlichen Maskulinisierungsimpact, in dessen Kontext man die Machowerte sucht, und damit die femininen Werte verdrängt, da die sich selbstbehauptende Maskulinität den Vorzug genießt. Durch diesen maskulinen Einprinzipimperialismus entsteht ein Gleichgewichtsverlust in der männlich-weiblichen individuellen und gesellschaftlichen Geschlechterpolarität. Und da die Natur zur Aufrechterhaltung der individuellen und sozialen Gesundheit aber ein intrapersönliches maskulin-feminines Gleichgewicht der gesamtbiologischen Konstitution des Menschen erfordert entsteht neben der hohen Wertepriorisierung der Maskulinität und der Jagd nach ihr ebenso ein Kampf um das minderpriorisierte, verdrängte, rarifizierte und somit heiß begehrte weil unabdingbare weibliche Element. Die biologische Genderordnung scheint gestört und eine an das Pathologische grenzende Störung dieser Ordnung korrumpiert eben das biologische Terrain und macht es tendenziell unfruchtbar.

Über die historischen Ursachen für diese Entwicklung hinaus muss es aber noch tiefere geistige Ursachen geben, die diese soziokulturelle Maskulinisierungsdynamik ermöglichen, denn in Afrika beispielsweise erwirtschaften die Frauen das Gros des lebensnotwendigen Agrarprodukts und somit der materiellen Lebensbasis. Und dennoch folgt aus dieser starken Einspannung und Beanspruchung der Frau in wirtschaftliche Wertschöpfungsprozesse nicht zwangsläufig eine Maskulinisierung und Gebärverweigerung.

Vergleicht man unser Land mit den Nachbarnationen und insbesondere Frankreich, wo sowohl die Geburtenrate, als auch die Quote der Frauen in Managementpositionen höher ist, so erkennt man alsbald dass eine femininer prädisponierte Gesellschaft gebärfreundlicher eingestellt ist. Auch dort mussten Frauen die Kriegslast mitschultern, aber, um bei Frankreich zu bleiben, haben wir dort, trotz einer laizistischen Gesellschafts- und politischen Kultur, ein historisch und religionskulturell bedingt marianisch gespeistes Frauenideal der Frau als Mutter und Gottesgebärerin, das der Frau, der Familie und den Kindern natürlich einen hohen individuellen und sozialen Stellenwert einräumt, der ein lebens- und kinderfreundliches Terrain bewirkt und der ja zur Weiblichkeit mit ihrer Bedeutung für den Menschen und der Gesellschaft sagt. Dieses Ja zur Weiblichkeit statt des präferentiellen Ja zur Männlichkeit und somit die Suche nach der geistig biologischen Balance kennzeichnen den Unterschied zwischen Fruchtbarkeit und Unfruchtbarkeit, zwischen Lebens- und Kinderfreundlichkeit und deren Negation. Denn in der Wärme männlich-weiblicher, väterlich-mütterlicher sicherer Obhut und synergetischer Harmonie schlummert das Geheimnis des Lebens.

Dies dürfte eine wesentliche langfristige, geistig-historische Ursache für unterschiedliche demographische Bedingungen in den beiden verglichenen Ländern sein. Die gesellschaftliche Organisation im Hinblick auf die soziale, organisationale und familiäre Implementierung dieser soziokulturellen Wertepräferenz eines ausgewogeneren männlich-weiblichen Prinzips in der Gesamtgesellschaft ist die

Konsequenz der geistigen Traditionen in den beiden Ländern. Die effektivere Familienpolitik mit einem geburtenfreundlicheren und -förderlichen Impact hat also eine geistige Ursache und ist nur eine Wirkung in der Verkettung der geistigen Ausgangstraditionen und Bedingungen und nicht die primäre, kausale Ursache, denn in Deutschland bleibt ja, trotz vieler materieller Inzentivs und einer stets besser werdenden materiellen Familienpolitik der für die Aufrechterhaltung der demographischen Kontinuität erforderliche Kindersegen aus, sodass die Menschen vieler wirtschaftlich ärmerer Völker Deutschland nun mit ihrem reichen Kindersegen, der auch der materielle Segen dieser Migranten zu sein verspricht, beglücken möchten.

Trotz aller materieller Anreize herrscht hierzulande eine gewisse Gebärverweigerung, die sich als eine der niedrigsten Geburtenraten der Welt manifestiert. Die geistigen Ursachen dafür scheinen in Analogie zur traditionellen historischen marianisch geprägten Kultur in der Abschaffung oder Reduzierung derselben in Deutschland im Zuge der Reformation zu bestehen und zusammen mit dem Maskulinisierungstrend der Moderne ein geistig-biologisch verkettetes, tendenziell unfruchtbareres Terrain zu bewirken und die Geburtenrate trotz aller materieller Förderungen und Incentives zu reduzieren. Und je mehr die Frauen somit maskuline Werte der Selbstverwirklichung, der Selbstbehauptung und des Erfolges im Leben, der materiell definiert ist, anstreben, desto weiter geht die Geburtenrate zurück.

Will man die Geburtenrate daher nach oben korrigieren, so empfiehlt sich eine sozialisierungsbasierte Revision diesbezüglicher kultureller Werte. Hier ist der Ansatzpunkt und somit der Hebel für eine Erhöhung der Geburtenrate und weniger im materiellen Ansporn in der Gestalt einer förderlichen Familien und Nachwuchspolitik. Der gängige politisch-demographische Diskurs spannt den Wagen vor das Pferd, wenn man meint, dass eine Inversion des Natalitätstrends allein aufgrund der sozioökonomischen Bedingungen des familiären Umfeldes eintritt. Es sind primär die geistig-kulturellen Traditionen mit ihren verhaltensbedingenden Werten, die ein familien- und kindesförderliches gesellschaftskulturelles und ökonomisches Umfeld schaffen. Ohne diese sind die materiellen Vorteilsaussichten für Familien mit Kindern nur für Migranten ein echter Ansporn. Aber deren Kindersegen erklärt sich stets aus einer traditionell hohen kulturellen Wertepriorisierung der Familie und insbesondere der kinderreichen Familie. Sie ist eine zentrale Finalität ihres Lebens.

Der Maskulinisierungstrend ist also negativ mit der Geburtenrate korreliert und die Umkehrung dieses Trends besteht in einer geistigen Neuorientierung der historischen männlich-weiblichen Wertepriorisierung, die durch materielle Anreize flankiert werden kann. Davon gibt es sehr, sehr viele, die allein eine Frage des gesellschaftlichen Organisationsgenies der gesellschaftlichen Organisationen und Institutionen sind. Ein zielorientiertes Brainstorming würde Dutzende von Optionen zutage fördern. Es ist nur eine Frage der gesellschaftspolitischen technischen Kreativität, während die ur-ursächliche Wertepriorisierung ein singulärer Wertewandel im Hinblick auf die geistig-soziale männlich-weibliche Wertebalance ist. Der damit einhergehende Natalitäts-Wertewandel mit demographischem Impact ist der Hebel für eine revolutionäre Familien- und somit Demographiepolitik.

Tritt dieser Wertewandel nicht ein, so kann er nur durch die Immigration mit Provenienz aus Kulturen mit einer weniger einseitigen männlich-weiblichen Werte- und Gender Balance behoben werden. Diese Kulturen werden häufig als Machokulturen bezeichnet, aber sie haben eine ausgewogenere Gender Balance, die sich natalitätsbefürwortend und nicht -negierend manifestiert. Diese defensive Einschätzung ist in biologisch-demographischer Hinsicht eine ethnozentrische Sichtweise und nicht objektiv, denn die Natur und das Leben sprechen in dieser Hinsicht ihre eigene, untrügerische Sprache. Und die ausgeprägte kooperativ-relationale Familien- und Sippenorientierung unterstreicht diese feminine Tendenz.

Die emotionale Kinderzuwendung in diesen Kulturen ist weitere Evidenz für einen genderbalancierten, familienorientierten und -förderlichen gesellschaftlichen Humus.

Deutschland hat also in erster Linie weniger ein demographisches, als vielmehr ein gesellschaftliches Werteproblem mit seinen entsprechenden, natalitätsbezogenen Verhaltensweisen. Und solange kein autochthoner Wertewandel mit seinem natürlichen Natalitäts- und demographischen Impact eintritt und Deutschland sich durch diese Wertewandelresistenz, die sich als Gebärverweigerung manifestiert, demographisch sanieren möchte, betreibt es letztendlich eine wertekompensierende Einwanderungspolitik. Man importiert Werte. Diese Werte führen zur Verhaltensweisen mit höherer Geburtenrate. Und diese demographische Kompensation führt zu mehr Humaninputs in die Wirtschaft und befriedet damit den hohen gesellschaftlichen Wert des Materiellen und der Wirtschaft, der die gebärverweigernde Maskulinisierung mit ihrer negativen demograraphisch-ökonomisch-gesellschaftskulturellen Verkettung eingeleitet hat. Somit kann man sich die Wertewandelverweigerung leisten und dennoch, im Wege dieser Werteimportpolitik mit ihrem demographischen sozioökonomischen Impact, eine hohes Wirtschaftsniveau erreichen.

Doch die fragwürdigen Gender Gleichgewichte werden dadurch nicht ausgewogener, was soziopsychologisch Kosten verursachend wirkt und den Kompensationsvorteil durch Immigration schmälert. Und soziale Unausgewogenheiten und fundamentale Ungleichgewichte können leider auch kein Ansporn für die Zuwanderung von High Potentials sein, was die Kosten Nutzen Analyse der Immigration weiterhin zulasten der Nation schmälert. Ob die Immigration die Werte-, Demographie- und Wirtschaftsproblematik daher beheben kann ist sehr fraglich. Ersatzlösungen für eigenen Wertewandel sind längerfristig alle mit Nachteilen verbunden und sie könnten somit das strategische Ziel der Erreichung eines hohen wirtschaftlichen Wertschöpfungsniveaus mit konkomitantem sozialen Frieden und internationaler friedlicher Koexistenz torpedieren statt optimieren.

Wenn man dann noch die möglichen sozialpolitischen und kulturellen Prozesskosten der Immigration abzieht dann kann trotz scheinbarer höherer Steuereinnahmen eine negative Bilanz entstehen, die den vordergründigen Immigrationsgewinn weiter schmälern und sogar unberechenbar machen. Es ist also erforderlich, eine umsichtige, langfristige Immigrationspolitik zu praktizieren. Soviel lässt sich in einer ersten Analyse sagen. Eine entsprechende Neuorientierung wirtschaftlicher Wertepriorisierung könnte ihrerseits einen Teil der möglichen Risiken der Immigration von vornherein gar nicht erst entstehen lassen. Dies hätte bereits früher erkannt werden können und müssen. Aber die wirtschaftliche Umstrukturierung zu weniger humankapitalintensiven, höherwertigen wirtschaftlichen Prozessen, erfordert gleichermaßen einen Wertewandel in der Wirtschaft. Somit hängt die Lösung der Probleme der Zukunft und die nationale Autonomie weitgehend mit einer Politik der Werte und des Wertwandels zusammen. Und Werte sind ein Produkt der Sozialisierung, die wiederum von sozialen Werten geprägt ist, die ihrerseits in den tradierten Margen historischer Werte gründen. Die wahren Ursachen der Zukunftsgestaltung liegen somit tief in der Geschichte der Völker und Nationen, der man sich stellen und von der man ausgehen muss, um die Zukunft nicht auf Sand zu bauen. Denn, wenn man nicht weiß, woher man kommt, dann weiß man auch nicht, wohin man geht: Identität, kulturelle Werte, Zukunftsfähigkeit und Willigkeit sind somit untrennbar interdependent. Um vorwärtszukommen bedarf es also einer kulturellen Rückschau und Selbstreflektion, um den erforderlichen, zukunftsförderlichen Wertewandel auf einer soliden Basis der konsolidierten Kontinuität zu gewahrleisten. Alles andere ist kurzfristiger, astigmatischer Aktionismus, der von der Geschichte alsbald als kontraproduktiv entlarvt wird.

Und trotz der in mancher Augen vielleicht als politische Unkorrektheit anmutenden, aber signifikanten gesellschaftlichen, ethisch-demographischen Grundrechnung mit immenser Werteschöpfungsverkettung könnte man vermeintlichen Immigrationsbedarf auch auf der Basis eines familienkulturellen Wertewandels dadurch decken, dass man die dreihundertfünfzig- bis vierhunderttausend Abtreibungen pro Jahr in Deutschland, sowie andere verhütungsbedingte Nichtgeburten anstelle der aus ihren Ausgangskulturen herzausgerissenen Migranten in Deutschland willkommen heißt. Dies ist ein weiterer Stellhebel für eine Demographiepolitik aus bislang verschwendeten eigenkulturellen Ressourcen und ohne soziokulturelle Risiken. Es würde diesen somit geborenen und nicht getöteten Kindern und den Migranten ethisch und in manch anderer Hinsicht gerecht werden. Es ist ökonomisch unvernünftig und ethisch verwerflich, wenn man die wertvollste Ressource Mensch derart verschwendet, während man das soziale und individuelle Gewissen der Gesellschaft ausblendet.

Die säkularisierungsbedingte Werteanarchie, die dem Lustprinzip alle Macht verleiht, führt desweiteren zu einer Reduzierung der Fortpflanzungstendenz aufgrund des maskuline Werte repräsentierenden und verherrlichenden Sexismus im Zeichen der Emanzipation und der Freizügigkeit der Sexualmoral. Das biologisch-geistige Terrain der menschlichen Sexualität wird somit gleich einem monokulturell restriktiv bewirtschafteten Feld ausgelaugt und gleichermaßen unfruchtbar. Die Fragmentierung und Reduktion der Integrität der natürlichen menschlichen Sexualität in ihrem Kontext führt langfristig zum Verlust der Integrität des Menschen und der Gesellschaft – der Natur an sich. Die Trends des sexuellen Liberalismus und die Rückgang der Geburtenrate, insbesondere seit der Gegenkulturrevolution mit ihrer Verwerfung tradierter familiärer Werte, sind positiv miteinander korreliert.

Verhütung, Abtreibung und Sexismus sind weitere wertebedingte soziale Prozesse, die die Geburtenrate nach unten zwingen. Die männlichen Werte der sich selbstbehauptenden Selbstbestimmung, herausgelöst aus den ganzheitlichen menschlichen Lebenskontexten, taxieren den Menschen und die Integrität der Gesellschaft mit unabsehbaren Folgen, die man zwischenzeitlich noch durch Humanimport – gleich einer demographiespezifischen Ware – kompensieren zu können glaubt.

Eine weitere gesellschaftliche Schere, i.e. die der Gebärenden und der Gebärverweigernden mit den vermeintlich höherwertig Wertschöpfenden einerseits und jenen der den menschlichen Rohstoff Bereitstellenden andererseits könnte sich abzeichnen. Kann es eine neue Gesellschaftsordnung bedingen? Man sieht, dass die Frage der Natalität und ihres Managements von großer Trag- und Reichweite für die menschliche Gesellschaft ist. Und es erhebt sich die Frage, wie die Äonen alte menschliche Natur auf all diese Umfunktionierungen der menschlichen Natur durch nichtnaturkonforme kulturelle Werte reagiert. Es scheint eine Parallele der Entwicklung des demographischen, menschlichen Humus und dem der Natur in dem Sinne zu zugeben, dass Austrocknung und Überflutung des Terrains gleichzeitig vorherrschend sind. Die Natur des Menschen und die der Schöpfung sind Teile eines Gesamtkontinuums, eines geistig-biologischen Systems, in dem fundamentale Ungleichgewichte fraktal repliziert werden.

Der Impact des Ausscherens aus den tradierten Werten der Zivilisation mit seinen Folgen nimmt allmählich Konturen an. Und diese Zeichen der Zeit erfordern die rechte Interpretation und eine gesellschaftspolitisch korrekte Antwort.

Schließlich kann man schlussfolgern, dass die Entscheidung für die demographische Make-, statt für die demographische Buy-Option von vielfältigem Nutzen ist und eine mehrschichtige wirtschaftliche, soziale und ethische Wertschöpfungskette auslöst:

Die demographische Make-Option, die keine ethnozentrische Abschottung, sondern eine Neugewichtung von demographischen Make- und Buy-Gesichtspunkten ist, schafft einige hunderttausend Arbeitsplätze und bewirkt Kontinuität und Konsolidierung der sich entwickelnden Nationalkultur mit einer Art Schneeballeffekt. Dabei handelt es sich um langfristig interessante qualitative, wie auch quantitative Auswirkungen mit positivem demographischem Impact, die den Migrationsimponderabilien vorzuziehen sind und die aber dennoch immernoch eine Option im Lichte der weltweiten Arbeitsverknappung durch Technisierung im Ärmel der innenpolitischen intrakulturellen Kulturpolitik bleiben können und sollen. Die freie Niederlassung im Binnenraum der wirtschaftlichen Supermacht der EU, seit 1968, wird ohnehin auch weiterhin einen permanenten demographischen Sog in die wirtschaftlich attraktiveren Regionen, wie der dieses Landes, bewirken.

Die Natalitätspolitik der demographischen Buy-Entscheidung verbessert darüber hinaus den Status der Frau und somit den des Mannes und erzeugt ein lebens- und kinderfreundliches soziales Klima, in das man dann auch die echten Highpotentials, die technisch, wissenschaftlich und ökonomisch den Unterschied machen können, erfolgreich locken kann. Schließlich verleiht die natalogische Option das Gefühl einer auf moralischer Integrität gründenden Kraft und Stärke, befreit vom Alptraum der ungezügelten Immigrationsrisiken und integriert das biologische Terrain des Menschen dadurch, dass Zeugung und Sex nicht voneinander abgekoppelt werden und zu einer Anomalie des gesamten menschlich-gesellschaftlichen Terrains führen.

Eine gesunde Natalitätspolitik mit entsprechenden Werten und Anreizen hat also vielfaltige, individuell und sozial heilsame Wirkungen und fördert die Gender-Balance, deren Gleichgewichtsverlust eine wesentliche Ursache sozialer und demographischer Fehlentwicklungen war. Eine biologische und ethische Integrität des Menschen in der weiteren Natur der Schöpfung dämmert am Ende eines dunklen sozialen Tunnels und kann eine Gesellschaft mit neuen Wertes des Lebens, seiner Wahrheit und seinen singulären Werten einleiten: Ein Wertewandel, der humanere Verhaltensmodi mit ihren positiven Tugendkreisläufen bewirken kann.

Und man stelle sich den weltwirtschaftlichen und sozialpolitischen Effekt einer weltweiten demographischen Make-, einer Natalogie-, statt einer Thanatologiepolitik vor. Es könnten in Kürze Millionen Arbeitsplätze in den damit in Verbindung stehenden Berufs- und Arbeitsfeldern geschaffen werden und der weltweiten Veralterung der demographischen Pyramidendaten vieler Nationen könnte durch den somit wieder aktivierten natürlichen intergenerationen-Vertrag der gegenseitigen Unterstützung und Loyalität eine wirksame und würdige Altersversorgung entgegengesetzt werden, die die Sozialsysteme infolge der globalen Krisen scheinbar immer weniger zu gewährleisten imstande sind.

Durch eine Politik der Natalogie im hier erwogenen Sinne würde die Thanatologie oder indirekte Euthanasie am Ende und zu Beginn des Lebens wegfallen; ein Schandfleck millionenfachen geduldeten und gesellschaftlich legitimierten Tötens - den diese offenbar permanenten Genozid (hier im Sinne des Tötens des Spezies Homo sapiens in zahllosen Kulturen, Völkern und Ethnien) betreibende Menschheit bis zum heutigen Tag stündlich und minütlich toleriert. Es erklärt die Emergenz einer durch und durch inhumanen Gesellschaft, deren Ethik anderweitig nicht viel weniger korrupt sein kann, was man an den globalen Systementwicklungs- und Krisenverläufen ablesen kann. Es stünde also ein weltweiter Wertewandel der Menschheit, weg vom Ethos der sozialen Thanatologie, hin zu einer Politik der Natalogie aus, ohne die der Mensch sich nicht im Sinne eines Gott ebenbildlichen Wesens verhält und auch nur bedingt als solches bezeichnet werden kann. Und die ganze Menschheit schaut diesem Holocaust globaler Natur zu. Mensch, wohin bist du gekommen, wie weit hast du dich und somit deine Werke vom Menschlichen entfernt, deren Impact man nun weltweit zurecht anprangert? Denn dann ist der Schritt zum weltweiten Morden auf anderen Ebenen und in anderen Bereichen auch im Bereich des Möglichen und Legitimen und leicht zu rechtfertigen, ohne dass jemand ob des systematisierten und legalisierten Rückfalls in den gesellschaftlichen Kannibalismus daran größeren Anstoß nähme.

Doch man täusche sich nicht, denn jene, die das Recht auf Leben zulasten des Schwächeren lösen wollen, können selbst auch irgendwann von Thanatos' Macht bezwungen werden und dann hat in erster Linie der ethische Mensch, der das Leben respektiert, vielleicht auch eine berechtigte Hoffnung auf einen diesen überwindendes jenseitiges Leben.

Eine rational initiierte wirtschaftlich, wissenschaftlich und kulturell konsistente, gesunde Natalitätspolitik ohne vergangene völkisch-rassische Untertöne kann einen Wertewandel bedingen, an dessen vitalen, seidenem Faden die Meisterung der Zukunft und einer zivilisierten Gesellschaft hängen könnte. Es ist ein Weg, Nutzen und Ehre des Landes auf ethischem Wege wiederherzustellen, der die Vision des Sehers des Sanges der alten Linde von der kommenden Zeit mitrealisieren helfen kann. Und all das basiert auf einer neuen, alten Wertebewusstheit und ihrer praktischen gesellschaftspolitischen Implementierung gegen niemand und solidarisch mit den Menschen des Landes und der Welt im Lichte historischer Verantwortung vor Gott und der Welt:

Deutscher Name, der Du littest schwer

Wieder glänzt um dich Dich die alte Ehr,

Wächst um den verschlungnen Doppelast,

Dessen Schatten sucht gar mancher Gast